Parfums sauvages

Michael Hanriot

Parfums sauvages
Recueil

LE LYS BLEU
ÉDITIONS

Les parfums de l'amour
Dans les jardins secrets
Apaisent les consacrés
Élèvent haut le jour…

Les parfums sauvages
Embaument la nuit
Au matin c'est la mort
Sous le soleil ils s'évaporent

J'étais un mouton
Mais un mouton noir
Je me suis égaré du troupeau
Après tout qui sont nos bergers ?
Des voleurs, des bandits
Des menteurs, des pillards

Je ne coopère pas avec le monde
Le monde fait ses affaires
Mais moi je ne broute plus
Ni ne bêle dans ses pâturages
Je deviens un loup au calme
Dans les plaines et forêts
De mes rêves…

J'étais un mouton
Oui mais un mouton noir
Je n'irai pas à l'encontre de ma nature
Mais je hurlerai pour célébrer la vie…

Au bord de l'eau
Voie lactée d'été
Dans leur temple de toile
Espionnés des étoiles

Le feu de camp danse de joie
Se met à rêver d'être amoureux
Comme les deux âmes sœurs rayonnantes à l'entrée
de leur tente
Et qui parlent des étoiles filantes
Qui envahissent le ciel

Nuit magique
Larmes de bonheur
Copulation dieutesque
Mariage mystique
Pour toujours, pour toujours…

Unis par des forces mystérieuses
Prières saintes ou douce sorcellerie
Ces enfants de l'amour sont magnifiques
Et feront la jalousie des maléfiques

Ils s'aiment…
Même dans les rêves
Dans la fumée de leurs clopes
Dans leurs verres d'alcool
Quand ils se font la gueule, la guerre

Au bord de l'eau
Le feu danse
Les amoureux s'embrassent
Dans leur temple de toile
L'aube s'embrase
Et les deux dieux s'enlacent
Pour toujours…

Elle habite rue de l'amour
Où tous les désirs sont permis
Elle vit dans mon rêve
Son paradis

Je suis ses sourires
Triste colombe perdue dans la forêt
Je suis ses sombres délires
Gracieuse pureté

Elle se balance, balance
Sur son croissant de lune
Elle se balance, balance
Sur la cité de souffrance

Elle habite rue de l'amour
Où tous les plaisirs sont permis
Elle vit dans mon cœur
Son paradis

Les matins de mon cœur
L'Aube déploie ses reflets d'or assoupi
Sur la fée qui s'éveille
Comme les fleurs autour d'elle

Elle se balance, balance
Sur son croissant de lune
Elle se balance, balance
Sur la cité d'espérance

Chevauche-moi au pays des délices
Pénétrons tel pégase et sa princesse
Dans l'érotisme sur l'île de nos âmes
Notre enfant secret

Dans la cité d'espérance
Elle habite rue de l'amour…

L'ombre de l'humanité se dissipe
Elle arrive…
Mettez vos bijoux, aiguisez vos prières
Préparez-vous pour lui plaire
Elle se dandine sage et sévère
Sur la mystérieuse route…

Aux abords de la route
Folâtrent des lézards
Sous la pleine lune
Fleur sur le brouillard
L'ombre de l'humanité se dissipe
Elle arrive…

Une royale chevelure jade
Le teint brun clair corsé et oublié
Le regard bleu armé et nébuleux
Et je n'ai vu ami
Que l'ombre timide de la plénitude

Elle arrive sage et sévère
Dans la pénombre et la poussière
Je vais l'accueillir à genoux
La nature reine, divinité de la terre
Je vais plaider coupable
Et lui baiser ses lèvres sombres

L'ombre de l'humanité se dissipe
Elle arrive…

Tu t'en es allé
C'est maintenant la pénombre
Sous les réverbères
La nuit n'a pas de grand goût
Reviens et enlace-moi

Ton teint pâle brûle
Sous le regard des étoiles
Tu danses et tu brilles
Dans le beau sable argenté
Le désert chaque nuit t'aime

Allons boire mes amis
Des vers de Rimbaud
Dans un champ, un bois, près de l'eau

Allons boire mes amis
Et de retour en enfer
Nous briserons nos verres

Que tout éclate en lumière
Que tout ressemble un instant
À des morceaux de trésor

Allons boire mes amis
Des vers de Rimbaud ou d'Hugo
Allons voir mes amis des éclats d'univers
Et misérables nous briserons nos verres
Saoulés de poésie, ivres d'infinis…

Mal aimer
Calme et tempête
Sentir la vie
Et mourir
Espérer et dormir
Se donner
Attendre puis partir
Rêver sans agir
S'émerveiller, se perdre
Trop attendre au moins autant
Oublier le mouvement, l'aventure
Perdre le peps de la folie
Mal aimer

Oh, ma chérie
Notre histoire est unique
Mais aussi agitée que la mer du Nord
Qui ne change pas même en été
Fidèle à ses couleurs et au vert irlandais

Oh, ma chérie…
Viens on se la met la claddagh
Et dans un.pub archaïque du connemara
Nos initiales on gravera
Dans le bois d'une table à la dague

Viens ma chérie on y va
Près de la cheminée on se chauffera
Avec un irish coffee bien gourmand
Et en chanson et en musique
Avec les gens de là-bas fantastiques

Après avoir bien dansé ma chérie
On ira se rêver en seigneurs
Passer la nuit au château romantique
Au bord du lac kylemore

L'amour est un Backpacker
L'âme profonde de l'homme
Un endroit lui plaît, il pose son sac
Une pause en terrasse vue sur lac
S'il vous plaît…
Il sirote un diamant brut
Sorti de la boîte de Pandore
Il sait ce qui l'attend…

Il vit par les chemins
La poussière et le soleil pour oxygène
Il fuit, il cherche, il trouve, il perd, il pleure
Jusqu'au jour où il n'y a plus de mystère
La réponse miraculeuse est claire
Il voit au-dessus des frontières
L'amour est un Backpacker
L'âme profonde de l'homme
Ses traces dans le sable
Effacées par l'amer…

Et c'est reparti
L'amour est infini
Un infini voyageur
S'il s'en va ne le retiens pas
Il reviendra peut-être
Avec un autre regard
Peut-être un nouveau sac à dos
Et avec le même sourire
L'amour est un fidèle Backpacker…

J'étais l'ange
Elle pouvait pas savoir
J'étais vivant
J'étais victime
J'étais l'ange
Elle s'en est douté peut-être
Mais logique… j'étais plus le traître
Les anges ne se voient pas

Où est la faille dans ce monde de la peur ?
Il faut trouver l'entrée, leur erreur
Plus de place aux vrais rêves
Fini les risques bienfaisants
Attachés à la prudence, à l'égoïsme
On meurt de rêves, d'amour, d'aventure
Si résistance il y a…
Elle n'est que masturbation sur le capitalisme
On va finir par perdre notre nature
Se laisser reverdir par l l'atroce dictature
Des beaux malades

Elle passe comme une fille bien
Elle l'est, elle l'est
Elle est seule avec elle-même
Sur les réseaux elle envoie de l'amour
Pour son miroir seulement
Pour son miroir, tout le temps
Elle appelle pour de la compagnie
L'amour n'existe pas vraiment
Car elle souffre, elle souffre…

Elle t'appelle pour la conduire
Pour lui faire quelques courses
Pour lui faire voir la Grande Ourse
Pour l'emmener en voyage
Elle fait voir l'amour en mirage
Car elle souffre, elle souffre…

Elle est malade, est en souffrance
Mais tu l'aimes, t'es sucé…
Elle en rigole en secret
T'es même pas son amant
C'est selon le vent
Sa survie dépend de ton imbécilité

Pendant qu'elle se touche aux abois
Tu comptes tes tunes pour finir le mois
Elle sait pas, elle voit pas
Car elle souffre, elle souffre…

Et puis elle te bloque de partout
Mais elle revient t'abuser, et tu sais
Mais elle pas, mais elle pas
La vie l'a maltraitée
Des vampires lui ont mutilé l'âme
T'es à genoux devant la reine
À croire que son bonheur c'est ta peine
Ta perte et tes larmes pour son élixir
L'or du fougueux torrent dans tes veines
Tu l'aimes, tu l'aimes…

Quand tu l'appelles elle répond pas
Quand elle t'écrit faut que tu sois là
Elle veut boire un coup et faire la fête
Mais n'a pas de tunes si t'es pas là
Et si ça marche elle te détruit
Elle le sait pas, elle le sait pas
Car c'est la mort qui fait sa vie
Elle souffre, elle souffre…

Un jour elle comprendra
Mais son amour sera parti
Un jour ses rêves auront des ailes
Tu seras alors heureux pour elle
Car tu l'aimes, tu l'aimes…
Et peut-être qu'elle s'envolera
À ta rencontre pour de vrai cette fois
Et son cœur noirci
Par les flammes maudites
Sera lavé par les larmes interdites
Elle saura, elle saura
Elle est forte, elle se bat
Et tu seras là
Son ami pour la vie…

Une porte s'est ouverte, surprise
Des sourires de lumière
Tu t'avances et tu es aspiré par le siphon
Tout est là pour la magie, les spectateurs aussi…
Et c'est parti pour des tangos endiablés et des valses
romantiques, des pauses nuptiales innombrables, des
bouquets de roses, des bijoux, des chandelles qui
dessinent les ombres chevauchantes sur le mur,
miroir obscur, des verres de vin renversés…
Et après, rejeté sur une plage au milieu des débris
d'une histoire trépidante…
Après l'amour, le mépris est sous les feux
Plus personne te félicite ou t'applaudit, l'impression
d'un rêve évanoui, c'était trop beau, trop, que nôtre
mort a plus réjoui, comme si ça leur laisse une chance
de pouvoir danser aussi dans la lumière mystique…

L'amour est supersonique
Pas tous capables d'y monter sereinement
Toute la vie les jours sont faméliques
Pas tous capables d'éviter le maléfique
Et puis ici tout le monde ment…
Peut-être qu'un jour
Je vais rencontrer quelqu'un qui m'aime vraiment…

Quoi qu'est-ce que j'ai fait cette nuit ?
Tu pouvais pas répondre aux messages ?
J'ai passé du temps avec la musique
J'étais chez le clan Campbell
J'ai fumé le paquet de tabac à rouler
Et toi tu t'es bien amusé ?
T'as fait une belle rencontre chérie ?
T'as pas trop picolé j'espère…
J'veux pas entendre te plaindre
De t'être fait encore abuser
Ou alors c'est toi qui as choisi…

Existe-t-elle encore notre forteresse ?
Cabane d'amour protectrice…
Idée poétique, arme cosmique
Pour tenter de résister aux douleurs
Qui nous chassent dehors…

On dit souvent que l'amour ne dure pas longtemps, qu'il est éphémère… c'est mal le connaître, c'est notre style de vie qui fait que c'est rapide et court au regard, il faut changer la vision…

Tout est éphémère, jetable, échangeable, abandonnable facilement, à la grâce d'un système vorace et narcissique, ignoble et pervers.

L'amour est court parce que l'humain court sans cesse… Alors qu'il est la pureté au sein de tous, la pureté autour de tous, il faut chercher à le voir alors on le connaîtra vraiment.

On met un flingue sur son cœur parce qu'on nous a mis un poison dans la tête, on mitraille l'angelot Cupidon à la kalachnikov, oui parce qu'on nous a perverti l'esprit.

L'amour est tout aussi un voyageur qu'un sédentaire fidèle, nôtre époque veut nous faire croire qu'il n'est pas important, que c'est un sentiment puéril, venu des entrailles de l'imaginaire, des hormones, une réaction chimique.

Dans toute la sagesse humaine, l'amour existe bel et bien, les textes dits sacrés en sont les reflets troublants, comme lorsqu'on se regarde dans la rivière ou la flaque d'eau…

Pour moi l'amour c'est ce dieu recherché, ce dieu que l'on soupçonne mais dont on a le doute, c'est aussi un allié, une compagnie physique lorsque l'on se sent amoureux, sa chérie, son chéri… c'est être avec les anges et au paradis dans le ventre de dieu notre mère sacrée.

Et la souffrance ? Liée à l'amour parfois, souvent ? Eh bien je suppose que l'on n'est pas parfait et que dans l'amour nous sommes un peu beaucoup handicapés, dans une main la grâce et dans l'autre la souffrance, l'injustice sentimentale, et on avance, il le faut bien sur la route de la vie trépidante, comme des aventuriers, oui des aventuriers bien ou mal accompagnés, c'est ça l'aventure et sa poésie, du bonheur, de la joie, des moments difficiles, des blessures, odeurs d'enfer et parfums de paradis… Osons chercher l'amour, il n'est pas destructeur, c'est parce que depuis nos vies dépassées par un système de société extrémiste droguée à l'argent qu'on l'a montré du doigt en lui donnant un titre de faiblesse et d'aliénation, un aura enfantin qu'il ne brille plus autant… il faut redorer son teint devenu blême par le rejet.

Tendons-lui la main et je dirais que tel Excalibur il jaillira des eaux sombres pour glorifier notre nature…

C'est quelque chose de vivant et magique, laissons-le nous émerveiller, il fait partie de nous, notre vaccin cosmique.

J'aime tant être à tes côtés
Quand tu me parles, te regarder
Mais je commence à m'en lasser
Tu fais trop durer l'espoir d'autres baisers

J'ai envie de disparaître
De toute façon je me sens déjà fantôme
Tu me dis patience mais tu as l'air traître
Je me sens abusé, un petit bonhomme

J'ai envie d'être au bord d'une rivière
Perdre mon regard dans l'eau
Noyer ma tristesse dans l'univers
Mes larmes invisibles débordent trop
Tu ne veux plus être à mes côtés
Pas assez intéressant, pas assez stylé

Je ne suis pas jaloux de ton ego
J'veux pas te tenir la robe de reine
Quand tu remercies, souris et embrasse
D'autres qui t'enivrent mais ne t'aident pas
Ne t'aiment pas, te jalousent en secret

Je vais devoir te laisser
Partir, t'oublier
Aux regrets
J'espère que tu ne m'aimes vraiment plus
Ainsi tu ne souffriras pas…

On ne tente pas de soigner ou protéger l'homme d'un virus, on tente de soigner le système de l'homme…

T'es entouré de gens
Mais tu te sens seul au monde
T'es accompagné d'une fille
Mais t'es seul dans le salon

T'es différent, oui t'es différent
Pas drogué au smartphone
Ils se croient libres
Ils sont stone

Dis rien, dis rien
Suis ton chemin
T'es pas pute du système
T'es pas son chien

Rêver, rêver...
T'as du bol t'es épargné
Tu peux pas tous les sauver
Tu tends la main
Ils vont te la bouffer

Va, va
Laisse, laisse
Oublie-les
C'est dur, tragique
C'est peine dystopique

Souffrir c'est vivre
C'est toujours cruel
Sauve-toi d'eux
Ils veulent te faire voler
Mais ils n'ont pas d'ailes

Tu l'aimes, elle hésite
C'est dangereux
La tristesse rend ivre
T'es seul frère
Écris ton livre
Pas le leur, c'est l'enfer

Tu rencontreras les bons
Tu rencontreras les bons

Qu'est-ce qu'on fait ?
On va où ?
On se quitte à jamais ?
J'ai mal aux poumons
J'ai trop fumé
À attendre un appel
Une invitation de toi bébé…
J'vais finir au Panthéon
Des amours maléfiques
Des amours impossibles…
Tu m'as perdu à jamais

Je ne suis pas un plan cul
Je ne fais plus crédit
Je ne suis pas banquier
Je ne veux plus vivre à moitié
Accroché à ton cœur sens dessus dessous
Sans sous, ton amour à la rue…
Tu m'as perdu à jamais
Le fleuve love trop agité
Notre canoë s'est retourné
Où es-tu ma princesse ?
Je suis sur une berge inconnue
Blessé dans les rochers

Qu'est-ce qu'on a fait ?
On s'est perdu à jamais…

Ma chérie…
J'ai foiré mon projet
C'était pour nous bébé
Pour la vie

Ma chérie
J'veux partir loin de toi
On est toujours ensemble tu vois
Mais il y a plus les câlins paradis

Je pleure sans larmes
J'ai perdu la foi dans le feu sacré
Il fait froid, avant ça nous réchauffait
J'veux partir loin j'ai plus d'armes
Pour continuer à espérer…

Ma chérie
Arrache ce voile qui semble te protéger
Tu ne vois plus mon amour à tes pieds
Pour la vie…
Ma chérie
J'veux partir loin de toi
On est toujours ensemble mais tu vois…
Ton amour pour moi tu le caches, le renies…

Ma chérie
Même là-bas au loin
Je sais je te ressentirai, c'est divin
Ma chérie… pour la vie… l'infini…

Putain de vie de merde…
Faire l'esclave pour pouvoir être
S'acheter des conneries pour exister
Croire en dieu ça aide
Mais j'commence à douter
Croire en l'amour, oui çà, je sais
Je le ressens et j'en écris des vers
Et celle que j'aime me voit pervers
Putain ici c'est l'enfer…

Faut-il attendre la mort ?
Pour voir le paradis ?
Mal aimé, rejeté, mon cœur invisible
Système-dieu insensible
Né pour souffrir

Sommes-nous sacrifiés ?
Ou alors insensés ?
Des bateaux sans équipages
Avoir des clopes pour survivre
Être dans le désert sans briquet
Même pas une oasis pour l'espoir
Seulement des mirages
Et des souvenirs ivres
Des livres sans pages

Peu de soleil beaucoup d'orages
Putain de vie de merde
Un cirque
Un spectacle
Pour qui ?
Pour quoi ?
Pourquoi ?

Ça me fout l'angoisse
Garce de vie
Enchaînée aux accessoires du système
Je compatis et je comprends
Et puis toi chérie
Mon plaisir est à tes côtés
Je jouis de te regarder

Putain de vie de vie de merde
On souffre
Pourquoi ?
Pour qui ?
Putain de vie de merde
On souffre
On veut juste décrocher le paradis

Besoin que d'elle
Elle a tout pour me combler
Comme une grâce divine
Elle a trop souffert
Elle a trop aimé
Elle a peur d'un honnête baiser
Elle brûle de son cœur les mots doux
Elle est noyée dans un puits asséché

Juste sa présence, son amour
Juste lui offrir mon soleil
Qu'elle puisse se prélasser en paix
Et la nuit nos corps enlacés…
Et nos rêves au jour se réveillent
Sourire, s'embrasser
Se faire un cocon de merveilles
Un pacte sacré
Pour mieux avancer
Dans ce cruel monde bientôt sans abeilles…

C'est parce que notre amour est trop parfait
Elle le sait, elle se tait
Lui tenir la main
Sauver nos chagrins
On a eu la foudre éphémère
On a la fidélité
L'amour nu
Sans costume d'apparat
On a eu ce coup de foudre
On a la sincérité

Suis-je qu'un pauvre crédule ?
Quand j'vois Dieu dans une libellule ?
Quand je donne mon cœur et mon temps ?
Quand je crois toute ma vie avec elle ?
J'suis un faible crédule…
Je vois une fée dans une libellule…

Qu'est-ce qui nous lie comme çà ?
Inséparables
Même après une longue séparation
Nos âmes s'appellent, pleurent…

Et puis l'amour ça fait des jaloux
Des putains d'envieux qui sont prêts à tout
Ils soufflent sur notre ciel d'étoiles
Tempête de sable dans notre éden
Doute et paranoïa plein les yeux
Putains de serpents frustrés…

Réveil, petit matin
Pas de chant d'oiseau
Celui de la bialetti
Café italien
Bonne odeur
Ton thé à la menthe
Paradis parfum
Cigarette
Ton sourire, le mien
Nos rêves pour infos
Pas de télé, pas de portable
Un câlin
Bonheur

J'vais finir par croire
Que le roi des mauvais choix
C'est moi...
Est-ce qu'elle ne veut pas voir ?

Sa présence, son parfum, c'est moi
J'suis bien dans ses bras
Qu'est-ce qu'elle ne veut plus voir ?
Pour elle je serai toujours là

J'en ai refusé des avances
De filles bien et amoureuses
Mais je ne veux qu'une cadence
L'alliance d'elle et moi...

J'ai refusé des projets, des propositions
Pour être pas loin d'elle
En prendre soin, la soutenir
Mes seuls désirs...

Mais j'vais finir par croire
Que le dieu des mauvais choix
C'est moi...
Quand elle me dit c'est mort...

Putain de malédiction que j'ai
Putain de sensation ça me fait
C'est un peu l'enfer
C'est un peu l'enfer…

Peut-être finalement faut m'en aller
Encore un choix à faire pour me saigner
Elle dit Mais ne dit pas tout à fait
J'suis pas assez bien, pas assez…

J'ai des larmes à la porte
Mais elles ne sortent plus
J'ai mal à l'âme, à l'amour
J'suis déçu, perdu, pendu à la peine

J'suis allé trop loin dans l'espoir
J'porte une croix désormais
Une croix de regrets, de tristesse
Ça paraît pourtant si simple d'aimer…

J'vais finir par croire
Que le roi des cons c'est moi
Qu'au royaume des borgnes
L'aveugle c'est moi…

On peut pas mourir comme çà
Nous sommes flammes inséparables
Toi et moi…
C'est puissant, c'est un truc roi
C'est infiniment palpable…

On peut pas se punir comme ça
En plus on n'a rien fait
Juste on s'aimait
Le sort nous a faits maladroits

On peut pas se faire ce mal
On peut pas oublier cet amour
Les œillères faut les brûler pour toujours
Allez viens on se fait la malle

Loin du mal

J'allume une bougie
Oh Dieu
Pour l'amour, la paix, la joie
Contre l'odieux

J'allume une bougie
Mais ne demande rien pour moi
Tu m'as déjà donné
Cette grâce d'être toujours fort
De tenir debout…

J'allume une bougie
Oh Dieu
Pour te dire simplement merci…

Rejetés comme le Christ
Tristes d'être rempli d'amour
Et de ne pas pouvoir le partager
N'est-ce pas ?
Ne compte que l'intérêt
L'argent ne durera pas toujours
Les rivières de larmes vont s'agiter
Quand les révélations seront de retour
L'apogée apocalyptique rayonnera
Quand les révélations seront de séjour
Continuez à aimer comme vous êtes
Il y a quelqu'un pour vous qui s'apprête
Au loin ou tout prêt
Peut-être aussi un grand nombre
Ne soyez pas triste ou désolé
Soyez…

J'me suis retrouvé dans la merde
Seul dans le désert au milieu du faste
Et il y a des anges qui œuvrent
Ceux qu'on ne voit pas
Et ceux qui sont en bas

Les petites gens, ou pas
Ils font le bien sans le savoir…
Et c'est eux qu'il faut voir
Ils sont présents… simplement

J'crois que je vais mourir demain
C'est çà mon destin
Depuis qu'on se tient plus la main

Putain j'ai pris un coup d'vieux
Depuis qu'on s'passe plus le feu

J'commence par m'noyer dans les larmes
J'ai trop bu la tasse
Depuis que plus on n's'enlace

Après le vent peut tourner
J'me prends pour dieu
J'lui ordonne comme désespéré

J'suis qu'un incompris
Un con pris dans mes fautes
Fautes de rêveur, fervent croyant d'amour

Avant d'aller mourir
J'vais chevaucher ma monture
Que j'ai nommé espoir

Ça va galoper vers le grand ravin
Le grand canyon divin
Et s'il y a un pont…
Alors… c'est que c'est bon
Autrement, route terminée, vie de chien…

Vous les amoureux n'écoutez pas
Les conseils sans fond
Des beaux parleurs souvent jaloux
Ou qui n'en ont juste rien à foutre

Ils sont là quand ils peuvent exister
Écoutez juste vos cœurs
Lui seul sait vous parler
Et il veut ton bonheur

Vous les amoureux parfois
Il y a des hauts et des bas
Des moments ronds, des moments plats
Et c'est son tourbillon, comme les saisons

Toi l'amoureux n'écoutes pas
Ceux qui te plaignent
Quand ça va pas
Seul ton cœur qui saigne te dira…

Cette nana pour moi c'est pour la vie
Cette femme pour moi c'est pour toujours
Cette mère pour moi c'est pour l'infini
Dans le monde d'après
Dans une autre dimension
Dans une autre vie…

On s'est séparé
On s'est retrouvé
Elle m'a viré
On s'est revu
Jamais je ne l'abandonnerai
Toujours je l'aimerai

Faut parfois pas chercher à comprendre
Le cosmique a ses méandres
L'espérance, la foi sont mes armes
Sans elle je verserai toujours des larmes
Ravi de vous l'apprendre…
Alléluia bordel de merde…

Le vent m'a emporté toujours où il a voulu
Il y a qu'une fois
Où une route, déterminé, j'ai tenu

Agrippé à la barre de mon cœur
Plein d'espoir vers l'île des douceurs

Le vent m'a emporté toujours où il a voulu
Il y a qu'une fois
Où une route, bien décidé, j'ai voulu

C'était vers toi

Bas les masques peuple esclave
Jetez ces fouets de ce temps moderne
Bas les masques peuple nourri logé
Pharaon aujourd'hui est un beau brigand

Stoppez toutes vos activités
Ne nourrissez plus les monstres
Qui finiront par vous télécommander
Depuis leurs pyramides numériques

Sortez en silence, dressez-vous en stop
Leurs temples démoniaques s'effriteront
Sur les ruines fleurira le nouveau monde
Un nouvel ordre, pas mondial, mais royal

Bas les masques peuple malmené
Jetez ces fouets de ce temps moderne
Bas les masques peuple du silence
Pharaon et ses dieux de chair
Périront écrasés par les eaux
Les eaux de l'esprit collectif rebelle

C'est pas plus naturel…

Quand on sait…
Qu'on ne fait que passer
Essuyons nos disputes, avançons
Soyons pas putes du malheur insensé

Quand on sait
Ce qui nous fait mal
Ne lui donnons plus par nos peurs
Ses casse-dalles

Essuyons nos déprimes
Ne soyons plus funambules
Sur le fil de ses abîmes

Quand on sait qu'on ne fait que passer
Tenons-nous fort la main
Notre amour spécial qui nous dévore
Faut en faire un amour sacré
Notre monture pour avancer vers demain

Parfois c'est le moment, parfois pas…
Tous mes projets, rêves et envies étaient pour elle,
nous, nos enfants mais je l'ai rencontré pendant une
période de grands changements avec cette crise
sanitaire bordélique qui surgit dans ma vie comme
une sévère et cruelle gardienne de mon bonheur bien
visible derrière, presque palpable.
Le chômage un peu long, l'argent très peu présent et
qui bloque au mieux pendant ces congés imposés les
sorties road trip, les journées campagnardes qui nous
plaisaient… eh oui faut de l'essence dans la caisse.
Pour elle c'était pas un problème me disait-elle mais
pour moi c'était un frein, mais toujours plein
d'espoir, je savais qu'il fallait que je sois patient et
ça arrive un peu tard, étouffement de notre amour et
des sentiments, l'agonie c'est terrible…
Elle m'a demandé de partir, elle était crevée, usée,
ça arrive.
Elle, c'était pas les autres, elle, elle a eu droit à une
bague magnifique, qu'elle méritait, la plus jolie
bague qu'elle portait merveilleusement bien et aussi
les plus jolis bouquets de fleurs, et mes plus belles
prières aussi ainsi que mes plus beaux poèmes…

Aujourd'hui vagabond errant avec pour abri ma bagnole, piégé comme un con par le système mon ennemi, libéré de mes rêves et de l'amour avec pour seule quête un boulot et un logement, la vie m'a fait un tacle dangereux et blessant… penalty ! Dieu ! Fais qu'un miracle marque fièrement, franchement en pleine lucarne et que ça repart, que rien n'est perdu et que l'espoir va m'aider à refaire le match…

L'écriture et la nature me consolent pendant cet holocauste.

Le printemps me parle de renaissance.

Et la princesse de mon cœur… qu'elle soit heureuse et sache que je l'aime malgré tout et qu'elle fait toujours partie de mes rêves et que quand je serai relevé elle pourra toujours compter sur moi car avec elle je n'ai jamais été aussi sincère, fidèle et satisfait.

Sur le lac de larmes tombe la mort,
au milieu, un cœur vide flotte à la surface…
trop bourré d'amour ou de haine une fissure l'a parcourue.
Et le lac au goût salé de ses larmes, lui rappelle les
fracas de son charme, elle qui pensait l'avoir
envoûté par ses baisers, ne lui reste plus que pour
larmes son désespoir.
Son désespoir elle en fit son arme, une fine lame…
forgée dans les larmes sacrées de l'amour. Elle sait
désormais après tant de souffrance que sa route sera
moins douloureuse, elle connaît son sujet préféré,
vital par cœur mais se fait une raison, du sacrifice du
soi, elle ne croit plus aux artifices de la vie, ni aux
rêves d'autrefois mais espère la trêve de ce long
hiver qui lui a fait perdre sa foi.
Sans qu'elle s'y attende, un jour la mystérieuse vie
la récompensera de ses blessures et lui présentera un
flambeau où danse une flamme qui ne brûle pas…
l'amour, mais pas comme ce qu'elle eût connu dans
le passé non, un truc de guerrier sage et elle pourra à
nouveau jouir de sa foi.
Se reposer sur l'épaule, se ressourcer à la source,
vivre autre chose, respirer de l'amour, un autre
monde, fait de couleurs et de tendresse… fait de
chaleur et de promesses…

Et sa vie pourra être un jardin merveilleux car elle saura voir avec le bon œil, celui qui discerne tout, au revoir la peur, bonjour monde meilleur où la poétesse régnera sur sa vie en princesse, avec pour prince la quiétude.

Elle ne pourra changer son regard sur ce monde… même si la lumière l'inonde, elle pleure, elle a peur, l'air hagard, elle connaît l'abandon… son prince prendra vie à la nuit tombée, quand celle-ci tombera sur sa vie, elle connaîtra enfin son apaisement.

Elle ne pourra changer son regard sur le monde mais le verra différemment, tombera certes mais se relèvera comme s'ouvre une première rose d'un superbe jardin…

Elle connaît la douleur de ses genoux écorchés tel son cœur l'a été… elle s'enivre de leur parfum mais la passion devient poison et même la rosée du matin, ne saurait la raviver, elle avance droit devant, l'espérance du lendemain… droit devant, sur sa route étrange, avec l'espoir bien tenu, serré très fort dans sa main… fin.

Écrit avec Ingrid B.

Il y a cette nature magnifique devant moi
En habits de printemps
Elle m'aime je sais
Elle est là pour me séduire

Mais moi je suis ailleurs
Ma bière, ma clope
Je la vois pas comme il faudrait
J'ai dû perdre un peu de mon cœur
Quelque part…

Ça me fait de la peine
Ma bière, une clope
Aznavour qui m'emmène
Depuis mon portable
Au pays des merveilles…

Désolé dame nature
De ne pas être plus aimable
Désolé ô dame
J'ai dû perdre mon âme…

Qu'est-ce que je vais devenir ?
Bientôt mourir ?
Je vois plus comme avant
Dis rien à Thoreau

Faut reconstruire le temple
Le temple unique de l'amour
Dis rien à Thoreau
Je l'ai comme un peu trahi…

Est-ce qu'un temps est terminé ?
Je préfère mourir, je préfère mourir
C'était mieux avant
Quand je pouvais entendre
Et écouter le vent…

Main dans la main
La poésie et le vin
Promenade sur les routes poussiéreuses
D'une vie mystérieuse

Ils en ramènent du fond de leurs poches
Des trucs précieux
Certains vont voir clair
D'autres ne verront rien

Et puis c'est éphémère
Et puis le puits fait peur
Remplis-y ton verre
Tu verras en profondeur

L'amour est l'eau dans leurs veines
Où est ma reine ?
L'ai-je déjà rencontré ?
L'ai-je trouvé ? L'ai-je perdu ?

La poésie et le vin
Ont peut-être eu raison de ma fin

Dionysos et sa tribu
Ont colonisé mon âme
Fertile terre nubile

On est même plus amis
Maintenant on se fuit
On ne se réconforte plus la nuit
Au tel et les soirs de pluie

On ne ressent plus au cœur
Le feu brûlant des âmes sœurs
Ce jeu étrange qui nous appelait
Et apaisait nos douleurs…

On est même plus amis
Penses-tu encore à moi ?
Moi oui…
Est-ce qu'on s'est trop aimé ?
Est-ce qu'on s'est trop donné ?

On s'est brûlé peut-être
Le feu a trop déjanté
On n'a pas fait gaffe
Il a tout embrasé
Pendant qu'on s'embrassait…

On est même plus amis
L'amour nous a unis
Puis il a fui
Nous a séparés
Nous a punis pour de vrai
Nous perdant dans cette vie
Qui fait mal…
Sanctionnés les deux gosses !
Jouissant dans la vérité

J'espère qu'on se retrouvera
Au paradis…
L'enfer ne nous a pas réussi
Nous on n'est pas d'ici…

Je fais des films
Dans ma tête
Je me fais des films
Et fume des cigarettes

Je fais les cent pas
Dans mon deux-pièces
Avec mon harmonica
On m'écoute, me regarde
Je suis sur scène un peu roi
On me jette des pièces

Je fais des films
Dans ma tête
Je fais des films
Dans le bar on fait la fête

On boit, on rit, on danse
On fume des cigarettes
Dans le bruit on est en transe
On chante à tue-tête
Pendant que certains sont en souffrance
Car d'autres jouent de la mitraillette

Il y a des films
Dans ma boîte crânienne
Je fume des rêves
Un petit roi s'élève
Ma reine est ukrainienne…

Je fais des films
Dans ma tête
Je fais des films
Et brûle des mitraillettes

Je suis perdu dans ton cœur
Un vrai marécage
De larmes et de souvenirs
Je n'arrive pas à en sortir
Je veux ma mort de bonheur
J'en peu plus de souffrir
J'suis comme un con en cage
Sans ton regard, ton sourire
J'suis perdu dans ton cœur…

Imprimé en Allemagne
Achevé d'imprimer en mai 2022
Dépôt légal : mai 2022

Pour

Le Lys Bleu Éditions
40, rue du Louvre
75001 Paris